MALAY MADE
SIMPLE

Ibrahim Ismail

GOLDEN BOOKS CENTRE SDN. BHD.
KUALA LUMPUR

Published in Malaysia in 1990
by
GOLDEN BOOKS CENTRE SDN. BHD., [T-142884]
WISMA ILBS,
No. 10, Jalan PJU 8/5G, Perdana Business Centre,
Bandar Damansara Perdana, 47820 Petaling Jaya,
Selangor Darul Ehsan, Malaysia.
Tel: 03-77273890/77283890/77274121/77274122
Fax: 03-77273884
E-mail: gbc@pc.jaring.my
Website: www.goldenbookscentre.com

Reprinted: 1991, 1992, 1993, 1994
Revised Edition: 1995
Reprinted: 1997, 2000, 2001, 2003, 2005

© IBRAHIM ISMAIL

Member of the Malaysian Book Publishers Association
Membership Number: 8208

Code: RP5-10-051115

Printed by: Maju Tulis Sdn. Bhd., [82881T]
              Kuala Lumpur.

ISBN: 983-72-0166-5

CONTENTS/*KANDUNGAN*

PREFACE

"MALAY MADE SIMPLE" is specially published for those who wish to converse in Malay within a short span of time. It is also an intensive "Learn Yourself" Malay Language course, designed for learners with no previous knowledge of Malay at all. With the aid of this book, any person who can read English will easily speak Malay in practical everyday situations.

In this book, words and sentences used in daily conversation are selected and arranged under various headings for easy and quick reference, so that it can be referred to at any time and place, as and when you wish to speak in Malay.

"MALAY MADE SIMPLE" is also a handbook to enrich your vocabulary and to ensure effective communication in Malay on a wide range of topics.

Kuala Lumpur
10 July 1995

Ibrahim Ismail

KEY TO PRONUNCIATION

The "Key to Pronunciation" provided below will be helpful in pronouncing the Bahasa Melayu words.

THE PHONETIC SYSTEM

VOWELS
a e i o u

DIPHTHONGS
ai, au, oi

CONSONANTS
b, c, d, f, g, h, j, k, l, m, n, p, q, r, s, t, v, w, y, z

Vowel Sounds

a   In open syllables "a" is pronounced like "a" as in "father", for e.g., *ada* (be, exist), *dada* (chest), *apa* (what), and *kata* (word).

In close syllables the "a" sound is shorter like "u" as in "cut", for e.g., *lambat* (slow), *dapat* (to get), and *makan* (to eat).

e   There are two kinds of "e"; stressed and unstressed "e". The stressed "e" used to have a stressed mark "e", but in modern spelling such a mark has been omitted.

In open syllables the stressed "e" is pronounced like "e" as in "very" and "every", for e.g., *perak* (silver), *beta* (I), *kereta* (car).

In close syllables the stressed "e" is pronounced like "e" as in "bed", for e.g., *sen* (cent).

i   In open syllables "i" is pronounced like "ee" as in "feet", for e.g., *ini* (this), *kini* (now), *mak cik* (aunt) and *pipi* (cheek).

In closed syllables it is pronounced like "i" as in "thin", for e.g., *main* (to play) and *baik* (good).

o   In open syllables "o" is pronounced like "o" as in "body" and "story", for e.g., *roti* (bread) and *boleh* (allowed to, may).

In closed syllables it is pronounced in the same way as in the open syllables, for e.g., *ombak* (wave) and *pokok* (tree).

u   In open syllables "u" is pronounced like "oo" as in "food". The vowel is slightly longer, for e.g., *bulan* (moon) and *itu* (that).

In closed syllables it is pronounced like "u" as in "put", for e.g., *rumput* (grass), *kabut* (fog), *untuk* (for), *mulut* (mouth), *urut* (massage), *duduk* (sit), and *undangan* (invitation).

Diphthongs

ai   "ai" is pronounced like "i" as in "I", "like", "kite", etc., for e.g., *ramai* (crowded), *damai* (peaceful), *pantai* (shore) and *landai* (slope).

N.B. "ai" in *baik* (good) and *lain* (other) is not a diphthong. These words are pronounced *ba-ik* and *la-in*.

au   "au" is roughly equivalent to "ow" as in "now", "cow", etc., for e.g., *kerbau* (buffalo), *kalau* (if), *danau* (lake) and *pulau* (island).

N.B. But "au" in *laut* (sea) and *mahu* (will) is not a diphthong. These words are pronounced *la-ut* and *ma-hu*.

oi   "oi" is pronounced like "oy" as in "boy", "toy", etc., for e.g., *amboi* (well) and *koboi* (a cowboy).

Consonants

In general the pronunciation of Malaysian consonants is

quite similar to that of English, but Malaysian consonants are generally softer and not aspirated.

b   is pronounced like "b" as in "rub" or "b" as in "back" but much softer, for e.g., *baru* (new) and *sebab* (reason).

c   is pronounced like "ch" as in "church", for e.g., *cinta* (love), *cicak* (lizard) and *cucu* (grandchild).

d   is pronounced like "d" as in "red", for e.g., *dada* (chest), *duda* (widower) and *mendidik* (to educate).

f   is pronounced like "f" as in "fine", "fat", "if", etc., for e.g., *keluarga* (family) and *fasih* (fluent in speaking).

g   is pronounced like "g" as in "dog", "good", etc., for e.g., *gugup* (nervous), *gigi* (tooth) and *agak* (rather).

h   is pronounced like "h" as in "home", "hit", "hot", etc., for e.g., *hakim* (judge), *hujan* (rain) and *basah* (wet).

j   is pronounced like "j" as in "job", "jack", etc., for e.g., *jalan* (way), *jelas* (clear) and *jujur* (honest).

k   is pronounced like "k" as in "book", "kill", etc., for e.g., *kaki* (foot, leg), *kuku* (nail) and *kaku* (rigid).

l   is pronounced like "l" as in "lily", "look", "tell", etc., for e.g., *lalu* (to pass) and *kenal* (to know).

m   is pronounced like "m" as in "man", "dam", etc., for e.g., *malam* (night), *iklim* (climate) and *makan* (to eat).

n   is pronounced like "n" as in "nine", "nun", "none", etc., for e.g., *nanas* (pineapple), *nenek* (grandmother), *anak* (child) and *bunga* (flower).

p   is pronounced like "p" as in "put", "pop", etc., for e.g., *asap* (smoke) and *pipi* (cheek).

q   is pronounced like "q" as in "question", "quality", etc., for e.g., *Al-Quran* (The Koran) and *taufiq* (God's favour).

r   is pronounced like "r" as in "radio", "run", "rot", etc., for e.g., *rumah* (home, house), *akar* (root), *lalat* (fly), *bubur* (porridge), *ukur* (to measure), etc.

s	is pronounced like "s" as in "sit", "son", "sun", etc., for e.g., *saksi* (witness), *susu* (milk) and *habis* (finished).
t	is pronounced like "t" as in "tan", "cut", "total", etc., for e.g., *surat* (letter), *tulis* (write), *tulus* (sincere), *tinta* (ink), *takut* (fear), etc.
v	is pronounced like "v" as in "*televisyen*" (television), *revolusi* (revolution) and *subversif* (subversive).
w	is pronounced like "w" as in "will", "win", "won", etc., for e.g., *waktu* (time) and *kewajipan* (duty).
y	is pronounced like "y" as in "yes", "yet", "you", etc., for e.g., *ya* (yes), *yang* (that), *yayasan* (foundation), *kayu* (wood) and *kaya* (rich).
ng	is pronounced like "ng" as in "king", "sing", "sting", for e.g., *mengapa* (why), *siang* (daytime), *malang* (unfortunate), *petang* (afternoon), *mengunyah* (to chew), *kucing* (cat), *anjing* (dog), etc.
ny	is pronounced like "ny" as in "canyon", for e.g., *menyanyi* (to sing), *Puan* (Mrs) and *menyalak* (to bark).
sy	is pronounced like "sh" as in "should", "shy", etc., for e.g., *syukur* (thanks to God) and *syarat* (condition, term, requirement).
z	is pronounced like "z" as in "zoo", "zone", etc., for e.g., *zaman* (period, age) and *Aziz* (name of male person).

No two persons can speak a language with the same phonetics. This is very true in the case of Malaysians. Their pronunciation depends on the place of birth.

| UNIT 1 | PRONOUN *{KATA GANTI NAMA}* |

I   saya, aku

you   anda, kamu, engkau, awak

they   mereka

we   kami, kita

he   dia (lelaki)

she   dia (perempuan)

it   ia (ganti nama benda dan binatang)

go	pergi
buy	beli
eat	makan
drink	minum
come	datang/ke mari
take	ambil/bawa
ask	minta/tanya/soal
like	suka/seperti
love	cinta/kasih/sayang
give	beri/kasi
run	lari
play	bermain
jump	lompat
write	tulis
read	baca
draw	lukis
dig	gali
walk	berjalan
sit	duduk
stand	berdiri

rice	**nasi**
bread	**roti**
sugar	**gula**
fruit	**buah-buahan**
egg	**telur**
water	**air**
tea	**teh**
coffee	**kopi**
milk	**susu**
cigarette	**rokok**
soap	**sabun**
money	**wang**

Reading exercise *{Latihan membaca}*

1. I like to drink a cup of coffee. **Saya ingin meminum secawan kopi.**
2. You may drink a glass of milk. **Anda boleh minum segelas susu.**
3. I am eating rice. **Saya sedang makan nasi.**
4. They are buying some fruits. **Mereka sedang membeli sedikit buah-buahan.**
5. Anita will come here. **Anita akan datang ke sini.**
6. I love you, you love me. **Saya sayang anda, anda sayang saya.**
7. Did you give him a cigarette? **Adakah anda memberinya sebatang rokok?**

3

8. I am taking this soap.	**Saya akan ambil sabun ini.**
9. He is asking for water.	**Dia meminta air.**
10. Give me some money.	**Berilah saya sedikit wang.**
11. I am going to the bank.	**Saya hendak pergi ke bank.**
12. We like sugar.	**Kami suka gula.**

school	sekolah
shop	kedai
restaurant	restoran/kedai makan
post office	pejabat pos
airport	lapangan terbang
swimming pool	kolam renang
garden	kebun/taman
zoo	taman binatang
market	pasar
station	stesen
bus station	stesen bas
railway station	stesen keretapi
lake garden	taman tasik/taman bunga
shopping complex	kompleks membeli-belah
supermarket	pasar raya
duty free shop	kedai bebas cukai

Reading exercise *{Latihan membaca}*

1. We are going to school.

   Kami hendak pergi ke sekolah.

2. I am going to the restaurant to drink a cup of tea.

   Saya hendak ke restoran untuk minum secawan teh.

3. They are going to the post office.

   Mereka hendak ke pejabat pos.

4. I am going to the market to buy some fruits.	Saya hendak ke pasar untuk membeli sedikit buah-buahan.
5. I like egg but Siti likes bread.	Saya suka telur tetapi Siti suka roti.
6. I am eating egg but Siti is eating bread.	Saya sedang makan telur tetapi Siti sedang makan roti.
7. Lela gave me soap but I asked for water.	Lela memberi saya sabun tetapi saya meminta air.
8. I like to go to the swimming pool but Ali likes to go to the zoo.	Saya suka pergi ke kolam renang tetapi Ali suka pergi ke taman binatang.
9. We are eating rice but they are eating bread.	Kami makan nasi tetapi mereka makan roti.
10. We are taking Abu to the bus station to buy tickets.	Kami membawa Abu ke stesen bas untuk membeli tiket.

NUMBER
{NOMBOR/BILANGAN}

one	**satu**	1
two	**dua**	2
three	**tiga**	3
four	**empat**	4
five	**lima**	5
six	**enam**	6
seven	**tujuh**	7
eight	**lapan**	8
nine	**sembilan**	9
ten	**sepuluh**	10
eleven	**sebelas**	11
twelve	**dua belas**	12
thirteen	**tiga belas**	13
fourteen	**empat belas**	14
fifteen	**lima belas**	15
sixteen	**enam belas**	16
seventeen	**tujuh belas**	17
eighteen	**lapan belas**	18
nineteen	**sembilan belas**	19
twenty	**dua puluh**	20
twenty one	**dua puluh satu**	21
twenty two	**dua puluh dua**	22
twenty three	**dua puluh tiga**	23
twenty four	**dua puluh empat**	24
twenty five	**dua puluh lima**	25
twenty six	**dua puluh enam**	26
twenty seven	**dua puluh tujuh**	27
twenty eight	**dua puluh lapan**	28
twenty nine	**dua puluh sembilan**	29

thirty	tiga puluh	30
forty	empat puluh	40
fifty	lima puluh	50
sixty	enam puluh	60
seventy	tujuh puluh	70
eighty	lapan puluh	80
ninety	sembilan puluh	90
one hundred	seratus	100
one hundred and one	seratus satu	101
two hundred	dua ratus	200
two hundred and ten	dua ratus sepuluh	210
three hundred	tiga ratus	300
three hundred and twenty	tiga ratus dua puluh	320
four hundred	empat ratus	400
five hundred	lima ratus	500
six hundred	enam ratus	600
seven hundred	tujuh ratus	700
eight hundred	lapan ratus	800
nine hundred	sembilan ratus	900
one thousand	seribu (satu ribu)	1000
ten thousand	sepuluh ribu	10 000
hundred thousand	seratus ribu	100 000
five hundred thousand	lima ratus ribu	500 000
one million	satu juta (sejuta)	

| UNIT 6 | COLOUR *{WARNA}* |

red	**merah**
white	**putih**
black	**hitam**
yellow	**kuning**
green	**hijau**
blue	**biru**
violet	**ungu**
orange	**jingga**
grey	**kelabu**

UNIT 7	FAMILY {KELUARGA}

parent	ibu bapa
father	bapa/ayah
mother	ibu/emak
sister	kakak/saudara perempuan
brother	abang/saudara lelaki
uncle	bapa saudara
aunty	ibu saudara
husband	suami
wife	isteri
grandfather	datuk
grandmother	nenek
grandchildren	cucu

UNIT 8	DAY [NAMA HARI]

Sunday	Ahad
Monday	Isnin
Tuesday	Selasa
Wednesday	Rabu
Thursday	Khamis
Friday	Jumaat
Saturday	Sabtu

Reading exercise [*Latihan membaca*]

1. What day is today?   **Hari ini hari apa?**
2. Today is Tuesday.   **Hari ini hari Selasa.**
3. What day was yesterday?   **Kelmarin (Semalam) hari apa?**
4. Yesterday was Monday.   **Semalam (Kelmarin) hari Isnin.**

What?	**Apa?**
What time?	**Pukul berapa?**
What for?	**Untuk apa?**
What colour?	**Warna apa?**
What else?	**Apa lagi?**
When?	**Bila?**
Where?	**Di mana?**
Where to?	**Ke mana?**
Where from?	**Dari mana?**
Why?	**Kenapa? Mengapa?**
Which one?	**Yang mana?**
Which part?	**Bahagian yang mana?**
How?	**Bagaimana?**
How long?	**Berapa lama?**
How much?	**Berapa banyak?**
How many?	**Berapa banyak?**
How many times?	**Berapa kali?**
How far?	**Berapa jauh/Sejauh mana?**
How old?	**Berapa umurnya/Berapa usianya/Sebaya mana?**
How much?	**Berapa harganya?**
Who?	**Siapa?**
Who else?	**Siapa lagi?**

CARDINAL POINT
[MATA ANGIN/ARAH UTAMA]

north	utara
south	selatan
east	timur
west	barat
north-east	timur laut
north-west	barat laut
south-east	tenggara
south-west	barat daya
east coast	pantai timur
west coast	pantai barat
south pole	khutub selatan
north pole	khutub utara

PREPOSITION
{KATA DEPAN}

in	**di dalam**
into	**ke dalam**
on	**di atas**
under	**di bawah**
from	**dari/daripada**
with	**dengan**
between	**di antara**
for	**untuk/bagi**
to	**kepada/ke**

UNIT 12 〉 CONJUNCTION [*KATA PENGHUBUNG*]

and	**dan**
but	**tetapi/tapi**
because	**kerana/oleh sebab**
though	**walaupun/sungguhpun**
or	**atau**

SALUTATION
[KATA ALUAN/UCAP SELAMAT/ SALAM PEMBUKA KATA]

Good morning.	Selamat pagi.
Good afternoon.	Selamat tengah hari.
Good evening.	Selamat petang.
Good night.	Selamat malam.
Good morning, Mr Abdullah.	Selamat pagi, Encik Abdullah.
How are you?	Apa khabar?
Very well, thank you.	Baik, terima kasih.
And you?	Dan anda?
Fine, thank you.	Baik (atau Sejahtera), terima kasih.
Hello, Azizah.	Helo, Azizah.
Hello, Siti.	Helo, Siti.
How are you?	Apa khabar?
Fine, thank you.	Baik, terima kasih.
And how is Wati?	Dan apa khabar Wati?
She is very well, thank you.	Dia baik (sihat atau sejahtera), terima kasih.

WISHING FAREWELL
[UCAPAN PERPISAHAN]

Good bye.	**Selamat tinggal.**
Bye-bye.	**Selamat jalan.**
Cheerio.	**Selamat tinggal/Selamat jalan**
See you later.	**Sampai berjumpa lagi/Sehingga ketemu lagi.**
Have a nice trip.	**Semoga perjalanan anda selamat/ Semoga perjalanan anda sejahtera.**
Be careful.	**Berhati-hatilah.**
Take care.	**Jaga diri anda baik-baik.**

Conversation [*Perbualan*]

Adi: Hello Mat, how are you?	**Helo Mat, apa khabar?**
Mat: Hi Adi, I am very well, thank you.	**Hai Adi, saya baik/sihat, terima kasih.**
Adi: How is Saraswati? Is she well?	**Apa khabar Saraswati? Adakah dia sihat?**
Mat: She is very well, thank you.	**Dia sihat, terima kasih.**
Adi: See you tomorrow, Mat. Good bye.	**Jumpa lagi esok, Mat. Selamat tinggal.**
Mat: Good bye.	**Selamat jalan.**

More conversation [*Perbualan tambahan*]

Adi: See you tonight.	**Jumpa lagi pada malam nanti.**
Mat: Till we meet again.	**Sampai kita jumpa lagi/ Sehingga berjumpa lagi.**

17

Adi: Good luck.	Semoga anda berjaya.
Mat: May God bless you.	Semoga Tuhan memberkatimu.
Adi: Please remember me to your mother.	Sampaikan (Kirim) salam saya kepada ibu anda.
Mat: Please send my best regards to your parents.	Harap sampaikan salam saya kepada ibu dan bapa anda.
Adi: I wish you success.	Saya berharap anda akan berjaya.
Mat: Thank you.	Terima kasih.

Happy birthday. Many happy returns of the day.	Selamat hari jadi/Selamat menyambut hari ulang-tahun. Semoga anda panjang umur.
Happy New Year.	Selamat Tahun Baru.
Congratulations to you.	Tahniah untuk anda.
Congratulations on your engagement.	Tahniah di atas pertunangan anda.
Congratulations on your marriage.	Tahniah di atas perkahwinan anda.
I hope both of you will be very happy.	Saya harap anda berdua akan bahagia.
Congratulations on your success.	Tahniah di atas kejayaan anda.
Congratulations on the birth of your son.	Tahniah di atas kelahiran anak lelaki anda.
Congratulations on passing your examination.	Tahniah di atas kejayaan anda lulus di dalam peperiksaan.

Conversation {Perbualan}

Lili: Congratulations on your success.	Tahniah di atas kejayaan anda.
Mona: Thank you, and the same to you.	Terima kasih, dan diharap anda pun begitu juga.
Lili: My congratulations to you on your promotion and I will pray for your future happiness.	Tahniah di atas kenaikan pangkat anda dan saya berdoa semoga masa depan anda bahagia.

19

| Mona: | Thank you, it is very kind of you. | Terima kasih di atas budi baik anda. |

Words [*Perkataan-perkataan*]

happy	bahagia/gembira
new	baru
year	tahun
same	sama
congratulation	tahniah
success	berjaya/kejayaan
winning	menang
promotion	naik pangkat/promosi/galakan
pray	sembahyang/berdoa
future	masa depan/akan datang
happiness	kebahagiaan/kegembiraan
very	sangat/amat
kind	baik hati

FORGIVENESS AND REGRET
[UCAPAN MOHON MAAF]

1.	Excuse me.	**Maafkan saya.**
2.	I beg your pardon.	**Maafkan saya, tolong ulang sekali lagi.**
3.	I am sorry.	**Saya minta maaf.**
4.	Please forgive me.	**Harap maafkan saya.**
5.	May I be excused?	**Bolehkah saya dimaafkan?**
6.	Don't be angry.	**Janganlah marah.**
7.	It is my fault.	**Ini kesilapan saya.**
8.	I hope you will not be angry.	**Saya harap anda tidak akan marah.**

TO SAY THANK YOU
[LAFAZ UCAPAN TERIMA KASIH]

1.	Thank you.	**Terima kasih.**
2.	Thank you very much.	**Berbanyak-banyak terima kasih.**
3.	Thank you for your help.	**Terima kasih di atas pertolongan anda.**
4.	Thank you for all your trouble.	**Terima kasih di atas segala susah payah anda.**
5.	Thank you for everything.	**Terima kasih di atas segala-galanya.**

	UNIT 18	ASKING FOR DIRECTION [*PERTANYAAN BAGI ARAH JALAN*]

1. Excuse me! — **Maafkan saya!**
2. What street is this? — **Apakah nama jalan ini?**
3. This is Petaling Street. — **Ini Jalan Petaling.**
4. Which is the way to the market? — **Jalan manakah yang menuju ke pasar?**
5. Straight on, sir! — **Jalan terus sahaja, encik!**
6. Where is the Melor Hotel? — **Di manakah Hotel Melor?**
7. Over there, sir. — **Di sebelah sana, encik.**
8. Which is the nearest way to the mosque? — **Di manakah jalan yang terdekat menuju ke masjid?**
9. It is on the left side of the square. — **Jalan di tepi medan sebelah kiri.**
10. Can you tell me? — **Bolehkah anda beritahu saya?**
11. Where is the railway station? — **Di manakah stesen keretapi?**
12. You follow this way. — **Anda ikut jalan ini.**
13. At the corner of that street. — **Ia terletak di selekoh jalan sana.**
14. You turn to the left. — **Anda belok ke kiri.**
15. You will see a big building. — **Anda akan dapat melihat sebuah bangunan besar.**
16. That is the station. — **Di situlah stesen.**
17. Could you tell me the way to the bus station? — **Bolehkah anda beritahu saya jalan ke stesen bas?**
18. I don't know exactly. — **Saya sendiri tidak berapa tahu.**

23

19. Where do you want to go?	Ke manakah anda hendak pergi?
20. I want to go to Malacca.	Saya hendak pergi ke Melaka.
21. Then you have to go to Pudu Raya bus station.	Kalau begitu anda harus pergi ke Hentian Bas Pudu Raya.
22. Follow this main road till you see Cahaya Suria Building.	Ikut jalan utama (besar) ini sehingga anda nampak Bangunan Cahaya Suria.
23. Then you turn to the right.	Kemudian anda belok ke kanan.
24. Thank you for your information.	Terima kasih di atas maklumat (penerangan) anda.

| UNIT 19 | WORD COMMONLY USED [*PERKATAAN YANG LAZIM DIGUNAKAN*] |

English	Bahasa Inggeris
I	saya/aku
you	kamu/anda/awak/engkau
we	kami/kita
he	dia (lelaki)
she	dia (perempuan)
it	ia (benda atau binatang)
they	mereka
yes	ya
no	tidak/tak/tiada
can	boleh
may	mungkin
must	mesti/harus
have	ada/mempunyai
make	buat
take	ambil/bawa
like	suka/ingin/seperti
go	pergi
come	datang/ke mari
some	beberapa
mine	kepunyaan saya
why	mengapa/kenapa
what	apa
that	itu
who	siapa
to	kepada/ke
now	sekarang/masakini

want	ingin/mahu/hendak
and	dan
often	sering/selalu
money	wang/duit
after	selepas/sesudah
advice	nasihat
active	giat/aktif
able	sanggup/boleh/upaya
all	semua/seluruh
almost	hampir
country	negara/negeri
cure	menyembuhkan
cry	menangis
cut	memotong/membelah
day	hari
daily	setiap hari
nothing	tidak apa-apa/tiada
one	satu
only	hanya
order	perintah/pesanan
pardon	maaf, ulang sekali lagi
play	bermain
please	silakan
public	orang ramai/awam
cup	cawan
up	atas
wall	dinding/tembok
man	lelaki
woman	wanita/perempuan

Sentences [*Ayat-ayat*]

1. May I speak with him? — **Bolehkah saya bercakap dengan dia?**
2. Yes, please. — **Ya, silakan.**
3. Can you write? — **Bolehkah anda menulis?**
4. Yes, I can. — **Ya, saya boleh.**
5. Do you have money? — **Adakah anda mempunyai wang?**
6. No, I dont have. — **Tidak, saya tidak ada wang.**
7. Are you crying? — **Adakah anda sedang menangis?**
8. No, I am not. — **Tidak, saya tidak menangis.**
9. Take it there. — **Bawa ini ke sana.**
10. Yes, all right. — **Ya, baiklah.**
11. Who is she? — **Siapakah wanita itu?**
12. She is a teacher. — **Dia seorang guru.**
13. Who are you? — **Siapakah anda?**
14. I am a pupil. — **Saya seorang murid.**
15. Come here. — **Mari sini/mari ke mari.**
16. Here I am. — **Sekarang saya di sini.**
17. Give me a cup of tea. — **Berikan saya secawan teh.**
18. Here it is. — **Ini tehnya.**
19. Do you agree? — **Adakah anda setuju?**
20. Yes, I do. — **Ya, saya bersetuju.**
21. May I go home? — **Bolehkah saya pulang?**
22. Yes, you may. — **Ya, kamu/anda boleh pulang.**
23. But do you have money? — **Tetapi adakah anda mempunyai wang?**
24. Yes, I have. — **Ya, saya ada.**

25. Can you give some?   Bolehkah anda beri saya
                                             sedikit wang?

26. No, I cannot.   Tidak, saya tidak boleh.

PRONUNCIATION PRACTICE
[LATIHAN SEBUTAN]

come	**datang**
from	**dari/daripada**
live	**tinggal/diam**
now	**sekarang**
with	**dengan**
mine	**saya punya/kepunyaan saya**
friend	**rakan/teman/sahabat**
learn	**belajar**
speak	**bertutur/bercakap**
English	**Bahasa Inggeris**
little	**sedikit/kecil**
can	**boleh**
also	**juga/jua**
will	**akan**
me	**saya**
Mr.	**Encik/Tuan**
now	**sekarang/masakini**
because	**kerana/oleh sebab**
go	**pergi**
and	**dan**
if	**jika/kalau/sekiranya**
often	**sering/kerapkali/lazim**
she	**wanita/perempuan**
ours	**kita punya/kami punya**
teacher	**guru/cikgu/pendidik**
everyday	**setiap hari/hari-hari**
want	**ingin/hendak/mahu**
practise	**melatih/mengamal**

tongue	lidah
walk	berjalan
road	jalan raya

Read the following sentences *{Baca ayat-ayat berikut}*

1.	I am learning to speak Malay now because I want to go to Malaysia.	Saya sedang belajar bertutur Bahasa Melayu sekarang kerana saya hendak pergi ke Malaysia.
2.	I will go to Malaysia if I can speak Malay.	Saya akan pergi ke Malaysia jika saya boleh bertutur dalam Bahasa Melayu.
3.	Now I often speak Malay with Albert because he can also speak Malay a little.	Saya sering bertutur Bahasa Melayu dengan Albert sekarang kerana beliau juga boleh bertutur sedikit dalam Bahasa Melayu.
4.	Why do you learn English?	Mengapa anda belajar Bahasa Inggeris?
5.	Because it is the language of the world.	Sebab ia adalah bahasa dunia atau bahasa sejagat.
6.	English is the key language of the world.	Bahasa Inggeris adalah kunci bahasa di dunia.
7.	Are you learning English?	Adakah anda belajar Bahasa Inggeris?
8.	Ali can already speak English because he is learning it from Abdullah.	Ali sudah boleh bertutur dalam Bahasa Inggeris kerana dia belajar dari Abdullah.

9. Mr. Abdullah is our teacher.

Encik Abdullah adalah guru kami.

10. He teaches us everyday.

Beliau mengajar kami setiap hari.

11. I want to practise my tongue in English with him.

Saya hendak melatih lidah saya bertutur dalam Bahasa Inggeris dengan beliau.

PARTICLE
[KATA PENYERTA]

do	adakah
can	boleh/dapat
may	bolehkah
must	mesti/harus
are	adalah
will	akan
is	adalah/ialah
shall	akan
have/has	ada

Sentences [Ayat-ayat]

1.	Do you live in America?	Adakah anda tinggal di Amerika?
2.	Do you live in Indonesia?	Adakah anda tinggal di Indonesia?
3.	Do you learn English through the radio?	Adakah anda belajar Bahasa Inggeris menerusi radio?
4.	Do you go to school by car?	Adakah anda pergi ke sekolah dengan kereta?
5.	Do you like this?	Adakah anda suka ini?
6.	What is that?	Apakah itu?
7.	That is a long scarf.	Itu adalah sehelai selendang.
8.	Will you go now?	Bolehkah anda pergi sekarang?
9.	Can you speak Malay?	Bolehkah anda bertutur dalam Bahasa Melayu?
10.	May I go home?	Bolehkah saya pulang?
11.	Yes, you can.	Ya, anda/kamu boleh pulang.

ENQUIRY AND CONVERSATION
(PERTANYAAN DAN PERBUALAN)

how	**bagaimana**
what	**apa**
why	**mengapa/kenapa**
where	**di mana**
when	**bila**

Sentences *{Ayat-ayat}*

1. Where do you learn your English? — **Di manakah anda belajar Bahasa Inggeris?**
2. Why do you learn English? — **Mengapa anda belajar Bahasa Inggeris?**
3. When will you go to Ipoh? — **Bilakah anda akan ke Ipoh?**
4. What are you doing now? — **Apakah yang anda sedang buat sekarang?**
5. How is your friend? — **Bagaimanakah keadaan rakan anda?**

Learn the following *{Belajar berikut}*

abroad	**luar negeri**
here	**di sini**
there	**di sana**
money	**wang**
intend	**ingin/berhasrat**
Come here, please.	**Sila datang ke sini/ke mari.**

I will go abroad if I have money.	Saya akan ke luar negeri jika saya ada wang.
When do you intend to go there?	Bilakah anda ingin untuk pergi ke sana?
Do you speak English?	Bolehkah anda bertutur dalam Bahasa Inggeris?
Yes, I do.	Ya, saya boleh.
No, I don't.	Tidak, saya tidak boleh.
Can you speak English?	Bolehkah anda bertutur dalam Bahasa Inggeris?
Yes, I can.	Ya, saya boleh.
No, I can't.	Tidak, saya tidak boleh.
May I come in?	Bolehkah saya masuk?
Yes, you may.	Ya, anda boleh.
No, you may not.	Tidak, anda tidak boleh.
Do you have money?	Adakah anda mempunyai wang?
Yes, I have.	Ya, saya ada.
No, I don't have.	Tidak, saya tidak ada wang.
Is your name Husin?	Adakah nama anda Husin?
Yes, it is.	Ya, itu nama saya.
No, my name is Abu.	Tidak, nama saya Abu.
Do you often go abroad?	Adakah anda selalu pergi ke luar negeri?
No, I don't often go abroad.	Tidak, saya jarang ke luar negeri.
How long will you stay abroad?	Berapa lamakah anda akan tinggal di luar negeri?
I will stay abroad just for one month.	Saya akan berada di luar negeri hanya sebulan sa- haja.

I will be going by plane.	Saya akan berangkat dengan kapal terbang.
Have you ever been on a plane before?	Pernahkah anda menaiki kapal terbang/pesawat sebelum ini?
Yes, I have. But only to Pulau Pinang.	Ya, saya pernah tetapi hanya ke Pulau Pinang sahaja.
Your passport, please?	Sila tunjukkan pasport anda?
This is my passport.	Ini pasport saya.
Here is my health certificate.	Ini sijil kesihatan saya.

name	nama
cake	kek
came	datang
tale	cerita/riwayat
tame	jinak
take	mengambil
plate	pinggan
cup	cawan
place	tempat
late	lewat/lambat
haste	tergesa-gesa/tergopoh-gopoh
hate	benci
cave	gua
bale	karung
bake	membakar
water	air
war	perang
walk	berjalan
watch	jam/memerhati
calm	tenang
calf	anak lembu
half	separuh/setengah
ask	tanya/soal
glass	gelas/kaca
class	kelas
dance	menari/tarian
care	menjaga

careful	berhati-hati/berjaga-jaga
share	bahagian/saham
bare	kosong
fare	tambang
talk	bercakap/berbual
call	panggil/memanggil
salt	garam
ball	bola
bald	botak
fall	jatuh
cap/hat	topi
map	peta
mat	tikar
fat	gemuk
black	hitam
cat	kucing
bag	beg
mad	gila
back	belakang
glad	girang/gembira/suka

BASIC LESSON II
{PELAJARAN ASAS II}

Words *{Perkataan-perkataan}*

what	apa
you	anda
name	nama
where	di mana
live	tinggal
far	jauh
from	dari/daripada
here	di sini
no	tidak/tak/tiada
near	dekat/hampir

Sentences *{Ayat-ayat}*

1.	What is you name?	Siapakah nama anda?
2.	My name is Ali. What is yours?	Nama saya Ali. Siapa nama anda?
3.	Kamal. Where do you live?	Kamal. Di manakah anda tinggal?
4.	I live in Jalan Pinang.	Saya tinggal di Jalan Pinang.
5.	Is it far from here?	Adakah ia jauh dari sini?
6.	No, it is quite near.	Tidak, ia tidak jauh.

Words *{Perkataan-perkataan}*

good	baik/selamat/bagus
morning	pagi
well	sihat
thank you	terima kasih

| fine | sejahtera |
| very well | sangat baik/sihat |

Sentences [*Ayat-ayat*]

1. Good morning, Mr. John. How are you?

   Selamat pagi, Encik John. Apa khabar?

2. Fine, thank you and how are you?

   Baik, terima kasih dan bagaimana anda?

3. Very well, thank you.

   Sangat baik, terima kasih.

Words [*Perkataan-perkataan*]

where	di mana
you	anda/kamu/awak
go	pergi
to	ke/kepada
school	sekolah
who	siapa
teacher	guru
of course	sudah tentu
English	Bahasa Inggeris
like	suka

Sentences [*Ayat-ayat*]

1. Which school do you go to?

   Sekolah manakah anda pergi?

2. I go to Bukit Bintang Secondary School. What about you?

   Saya bersekolah di Sekolah Menengah Bukit Bintang. Bagaimana dengan anda?

3. I go to Sekolah Menengah Alam Shah. Who is your English teacher?

   Saya bersekolah di Sekolah Menengah Alam Shah. Siapakah guru Bahasa Inggeris anda?

39

4. Mr. Yusuf. Do you like English?	Encik Yusuf. Adakah anda suka Bahasa Inggeris?
5. Of course.	Sudah tentu.
6. I like it very much.	Saya sangat sukakannya.

I	saya/aku
like	suka
kite	layang-layang
I like that red kite.	Saya/Aku sukakan layang-layang merah itu.

Words {Perkataan-perkataan}

like	suka
time	waktu/masa
dine	makan
wise	bijak
rice	nasi
kind	budi baik/baik hati/sejenis
behind	di belakang
night	malam
right	betul/kanan
fight	bergaduh/bertengkar
high	tinggi
sign	tanda
wife	isteri
child	anak
fine	halus/baik/sihat
line	garis/baris
five	lima
nine	sembilan
rise	naik/bangun
knife	pisau
write	menulis

wipe	hapus/mengelap
nice	elok/cantik/sedap
might	kekuatan
mild	lembut/sederhana
mind	ingatan/minda
mice	tikus
ill	sakit
milk	susu
kiss	cium
drink	minum
win	menang
sit	duduk
ring	cincin
wish	ingin/hasrat
bring	bawa
fish	ikan
six	enam
hit	terkena/memukul
print	cetak
king	raja
queen	permaisuri/ratu
lip	bibir
if	jika/sekiranya
ink	dakwat/tinta
girl	gadis
bird	burung
first	pertama
birth	kelahiran
circle	bulatan/lingkaran
circus	sarkas
dirty	kotor
firm	firma/tegas/kukuh

where	di mana
going	pergi
bookstore	kedai buku
come	mari/ke mari
along	bersama

Sentences [*Ayat-ayat*]

1.	Love is blind.	Cinta itu buta.
2.	First love.	Cinta pertama.
3.	Great love.	Cinta sejati/cinta yang agung.
4.	Time is money.	Waktu itu berharga/waktu adalah wang.
5.	First love never lasts.	Cinta pertama tidak akan kekal.
6.	Live not to eat but eat to live.	Hidup bukan untuk makan tetapi makan untuk hidup.
7.	Where are you going?	Anda hendak ke mana?
8.	I am going to the bookstore.	Saya hendak pergi ke kedai buku.
9.	Which bookstore?	Kedai buku yang mana?
10.	Golden Book Store.	Kedai Buku Golden.
11.	Beg your pardon, sir?	Maaf, encik. Tolong ulang sekali lagi.
12.	Is this the bus going to Klang?	Adakah bas ini pergi ke Klang?
13.	Yes, sir. You are right.	Ya, encik. Benar kata encik itu.
14.	Thank you very much.	Berbanyak-banyak terima kasih.

Words [*Perkataan-perkataan*]

take	ambil
cup	cawan
coffee	kopi
glass	gelas
or	atau
milk	susu
better	lebih baik
tea	teh
help	tolong/bantu
yourself	diri anda sendiri

Sentences [*Ayat-ayat*]

1. Will you take a cup of coffee?

   Mahukah anda secawan kopi?

2. No, thank you. I am quite thirsty. I will take a glass of milk. Milk is better than tea or coffee.

   Tidak, terima kasih. Saya berasa haus (dahaga). Saya akan minum segelas susu. Susu adalah lebih baik daripada teh atau kopi.

3. Help yourself to whatever you like.

   Sila layan diri anda sendiri/ Ambil sendiri apa sahaja yang anda suka.

44

Words [*Perkataan-perkataan*]

rude	**kurang ajar/tidak sopan**
rule	**peraturan**
ruler	**pembaris/pemerintah**
flute	**seruling**
lute	**kecapi**
plume	**jambul**
ruby	**batu delima**
crude	**kasar**
use	**kegunaan**
mule	**keldai**
music	**muzik**
mute	**bisu**
huge	**besar**
humour	**geli hati**
immune	**lali**
illuminate	**menerangi**
tune	**nada**
pupil	**murid**
student	**pelajar/mahasiswa**
stupid	**bodoh**
duty	**tugas/tanggungjawab**
cute	**comel**
dupe	**perdaya**
humid	**lembap/kelembapan**
mercury	**raksa**
perfume	**minyak wangi**
popular	**masyhur/terkenal**

excuse	alasan/berdalih
but	tetapi/tapi
shut	tutup
must	mesti/harus
sun	matahari
moon	bulan
star	bintang
film star	bintang filem
bulk	besar/pukal
gun	senapang
luck	nasib baik/beruntung
mud	lumpur
trust	percaya/amanah
lunch	makan tengah hari
hungry	lapar
hut	pondok/gebuk
dust	debu
dumb	bisu
bulb	bal/mentol lampu
lamp	lampu
bundle	bungkusan
butter	mentega
button	butang
dull	bosan/tidak menarik
custom	adat resam/kastam
peanut	kacang
bus	bas
coconut	kelapa
fun	keseronokan
run	lari
funny	lucu
nuptial	ikatan perkahwinan

numb	kebas/lali
push	menolak
puzzle	hairan/teka-teki
current	arus/semasa
crush	hancur/remuk
gum	pelekat/perekat
burglar	perompak/penyamun
butterfly	kupu-kupu/rama-rama
buy	beli
sell	jual
dig	gali
drug	dadah/ubat
drunk	mabuk
pull	tarik
fulfill	memenuhi/mengisi
bull	lembu/seladang
full	penuh
put	letak
bush	semak/belukar
bulletin	risalah
bullock cart	kereta lembu
turn	giliran/belok
church	gereja
mosque	masjid
burden	beban
burn	bakar
bury	tanam/kebumi
curse	sumpah/seranah/kutuk
curtain	langsir/tabir
curve	lengkung
hurt	terluka/cedera
murder	pembunuhan

nurse	jururawat
purpose	tujuan/maksud
purple	ungu
purse	dompet
furniture	perabot

Learn the following words *{Belajar perkataan-perkataan berikut}*

dinner	makan malam
invite	menjemput/mempelawa/mengundang
tomorrow	esok
pleasure	kesudian
at	pada/di
place	tempat
house	rumah
residence	kediaman
present	hadir/kehadiran
time	waktu/masa
music	muzik
entertainment	hiburan
play	permainan
friends	rakan-rakan/sahabat
violin	biola
interested	tertarik
interest	minat/kecenderungan
best	terbaik
forget	terlupa
bring	membawa
flute	seruling/serunai

Sentences [*Ayat-ayat*]

1. Will you come for dinner with us tomorrow?

   Sudikah anda makan malam bersama kami esok?

2. With pleasure. Where is it?

   Ya, saya sudi/Saya terima dengan senang hati. Di mana tempatnya?

3. At my house, at seven o'clock.

   Di rumah saya pada jam tujuh.

4. I will arrive on time.

   Saya akan tiba tepat pada waktunya.

5. Please come early, we will have some music.

   Sila datang awal, kita akan menikmati muzik.

6. What musical instrument do you play?

   Apakah alat-alat muzik yang anda akan mainkan?

7. I can play violin and piano.

   Saya boleh bermain biola dan piano.

8. I am very interested in music. I will come as soon as my class is dismissed.

   Saya sangat minat dalam muzik. Saya akan datang sebaik sahaja kelas saya selesai.

9. Good! We would like you to play a piece for us.

   Bagus! Kami harap anda akan bermain suatu muzik untuk kami.

10. Well, I will try my best.

    Baiklah. Saya akan cuba dengan sebaik-baiknya (terbaik).

11. Then don't forget to bring your flute.

    Oleh itu jangan lupa membawa serunai (seruling) anda.

12. No, I will not forget.

    Tidak, saya tidak akan lupa.

become	menjadi
believe	yakin/percaya
begin	permulaan/mula
before	sebelum
because	sebab/kerana
define	menentukan/mempastikan
degree	darjah/paras/ijazah
defend	mempertahan/pertahanan
delay	tergendala/menangguhkan
detail	butir lanjut
develop	maju/berkembang
hero	wira/jaguh
fever	demam
evil	jahat
examination	peperiksaan
examine	memeriksa
report	laporan
pen	pen
get	mendapat
when	bila
neck	leher
let	biarkan
tell	beritahu
ten	sepuluh
best	terbaik
next	berikutnya
desk	meja
pencil	pensel

west	**barat**
bed	**katil**
wet	**basah**
sell	**jual**
test	**ujian**
lend	**meminjamkan**
love	**cinta/kasih/sayang**
give	**beri**
make	**membuat**
mate	**teman**
marriage	**perkahwinan**

Sentences [*Ayat-ayat*]

1.	Give my love to Aini.	**Sampaikan salam kasih mesra saya kepada Aini.**
2.	Please remember me to your mother.	**Sampaikan salam ingatan saya kepada ibumu.**
3.	I hope you will get better soon.	**Saya berharap anda akan cepat sembuh (sihat).**
4.	Take a seat, please.	**Sila ambil tempat duduk/ Silakan duduk.**
5.	I don't live in Melaka anymore.	**Saya tidak lagi tinggal di Melaka.**
6.	Please have your tea.	**Silakan minum teh anda.**

on	di atas
box	kotak
clock	jam
top	puncak
from	dari/daripada
shop	kedai
stop	berhenti
lot	banyak
hot	panas
long	panjang
shot	tembak
or	atau
for	untuk/bagi
more	lebih banyak
before	sebelum
roll	gulung
old	tua/lama/usang
cold	sejuk/dingin
gold	emas
post	post
rose	mawar
hope	harapan/harap
home	rumah
smoke	asap/menghisap
note	nota/catatan
bone	tulang
month	bulan
moon	bulan
mother	ibu/emak
brother	abang

Sentences [*Ayat-ayat*]

1. What can I do for you? — Apakah yang boleh saya lakukan untuk anda?
2. Wait a moment. — Tunggu sebentar.
3. Come here, please. — Sila ke mari.
4. I want to marry you. — Saya hendak berkahwin dengan anda.
5. Only that? — Hanya itu sahaja?
6. I will go by plane. — Saya akan pergi dengan kapal terbang.
7. I am going home. — Saya hendak pulang ke rumah.
8. I hope she will be here. — Saya harap dia akan berada di sini.
9. I like to smoke. — Saya suka merokok.
10. We cannot live without love. — Kita tidak boleh hidup tanpa kasih sayang.
11. Love is blind. — Cinta itu buta.

money	**wang**
Monday	**Isnin**
monkey	**monyet/kera/beruk**
flower	**bunga**
government	**kerajaan**
house	**rumah**
fly	**terbang/lalat**
sky	**langit**
dry	**kering**
try	**cuba**
why	**mengapa/kenapa**
joy	**girang/gembira**
boy	**budak lelaki**
toy	**barang mainan**
buy	**beli**
army	**askar/tentera**
baby	**bayi/anak kecil**
easy	**mudah/senang**
early	**awal**
enemy	**musuh**
hobby	**kegemaran/hobi**
hungry	**lapar**
holiday	**cuti**
holy	**suci**
happy	**gembira/suka**
lazy	**pemalas**
lady	**wanita**
year	**tahun**

young	muda
yellow	kuning
youth	belia/pemuda
yesterday	semalam/kelmarin

Sentences [*Ayat-ayat*]

1. I am sorry.
   Saya minta maaf.
2. I am very glad to meet you.
   Saya berasa sangat gembira bertemu anda.
3. She is going away on holiday.
   Dia akan pergi bercuti.
4. He is wearing a yellow shirt.
   Dia sedang memakai baju warna kuning.
5. He works in a government office.
   Dia bekerja di sebuah pejabat Kerajaan.

BASIC LESSON VIII
{PELAJARAN ASAS VIII}

look	melihat
book	buku
cook	memasak
foot	kaki
root	akar
wood	kayu
firewood	kayu api
good	bagus
school	sekolah
afternoon	tengah hari
room	bilik
cool	sejuk
food	makanan
tooth	gigi
zoo	zoo
loose	longgar
moon	bulan
floor	lantai
door	pintu
speak	bercakap/bertutur
eat	makan
east	timur
dealer	penjual
tea	teh
teach	mengajar/mendidik
teacher	guru/pendidik
steam	wap
appeal	merayu/rayuan

leader	ketua/pemimpin
read	membaca
sea	laut
ocean	lautan
seat	tempat duduk
weak	lemah
season	musim
bear	beruang
born	lahir
wear	pakai
tear	koyak
breast	dada
bread	roti
death	kematian
deaf	pekak
head	kepala
heaven	syurga
health	kesihatan
ready	siap, selesai
heavy	berat
ear	telinga
hear	mendengar
tear	air mata, koyak
fear	takut
near	dekat/hampir
real	nyata, tulen, sebenar
boat	perahu/kapal
coat	kot
road	jalan raya
coach	jurulatih
goal	gol
goat	kambing

soap	sabun
author	pengarang
authority	berkuasa
daughter	anak perempuan
naughty	nakal/jahat
meet	berjumpa/bertemu
sleep	tidur
sweet	manis
tree	pokok
week	minggu
sweep	menyapu
keep	menyimpan
feel	merasa
deep	dalam
fee	upah/yuran/bayaran
beef	daging lembu
bee	lebah
weight	berat
obey	patuh/ikut perintah
mountain	gunung
tourist	pelancong
tournament	pertandingan
country	negeri/negara
touch	sentuh/raba
rough	kasar
four	empat
course	kursus
colour	warna
few	sedikit
new	baru
newspaper	suratkhabar/akhbar
snow	salji

cow	lembu
show	tunjuk/pertunjukan
slow	perlahan
window	tingkap/jendela
powder	bedak
power	kuasa
beautiful	cantik/indah
beauty	keindahan/kecantikan
guitar	gitar
build	membina/membangun
building	bangunan/binaan
guide	bimbing/panduan
guidance	bimbingan
quick	cepat/pantas
blue	biru
true	benar/tulen/betul
fierce	garang/bengis
thief	pencuri
field	padang/ladang/bidang
die	mati
tie	ikat/tambat
fry	goreng
lie	tipu/bohong
cried	teriak

Sentences [*Ayat-ayat*]

1.	Please do it quickly.	Tolong lakukan dengan segera.
2.	Is this seat free?	Adakah tempat duduk ini kosong?
3.	This seat is taken.	Tempat ini telah diambil.

4.	That seat is reserved.	Tempat duduk itu telah dikhaskan.
5.	Perhaps you would let us sit together.	Mungkin anda boleh benarkan kita duduk bersama.
6.	It is quite all right.	Itu tidak mengapa.
7.	Can I borrow your book?	Bolehkah saya pinjam buku anda?
8.	I feel sick.	Saya berasa tidak sihat.
9.	I would like a cup of coffee.	Saya mahu secawan kopi.
10.	Have you any room vacant?	Adakah anda mempunyai bilik kosong?
11.	Let me see your room.	Benarkan saya melihat bilik anda.
12.	That is too small.	Ia terlalu kecil.
13.	Have you got extra bed?	Adakah anda mempunyai katil tambahan?
14.	I am going out.	Saya hendak keluar.
15.	How is my dress?	Bagaimana pakaian saya?
16.	Read your new book.	Bacalah buku baru anda.
17.	That story is true.	Cerita itu adalah benar.
18.	My cow is black.	Lembu saya berwarna hitam.
19.	How about going to the movie tonight?	Bagaimana kalau kita pergi menonton filem malam ini?
20.	You look very happy today.	Anda kelihatan sungguh gembira hari ini.
21.	Did you visit some places of interest?	Adakah anda pergi melawat ke tempat-tempat yang menarik?

22. Yes, of course.	Ya, sudah tentu/tentu sekali.
23. Please speak louder.	Sila bercakap lebih kuat lagi.
24. Your daughter is very beautiful. May I invite her to dance?	Anak gadis anda sangat cantik. Bolehkah saya ajaknya menari?
25. Wait for me, please.	Sila tunggu saya sebentar.
26. When does the show start?	Bilakah pertunjukan ini bermula?
27. This building is very beautiful.	Bangunan ini sangat indah/cantik.
28. Who built it and when was it built?	Siapakah yang membinanya dan bilakah ia dibina?
29. Where is the museum and is the museum open now?	Di manakah muzium dan adakah ia dibuka sekarang?
30. I want a blue skirt.	Saya inginkan sehelai skirt biru.
31. Please improve your behaviour.	Cuba perbaiki tingkah laku anda.
32. Drug is very dangerous.	Dadah adalah berbahaya.
33. Your pen is on the table.	Pen anda ada di atas meja.
34. The rental for this new building is ten thousand ringgit a month.	Sewa bagi bangunan yang baru ini ialah sepuluh ribu ringgit sebulan.
35. If you learn to read, read your lessons loudly.	Jika anda belajar membaca, bacalah dengan suara yang kuat.
36. May I help you to find what you want?	Bolehkah saya tolong carikan apa yang anda mahu?

37. Please answer my question.

Sila jawab pertanyaan saya.

38. Is this the right train to Ipoh?

Adakah keretapi ini hendak ke Ipoh?

39. Have you brought your radio?

Adakah anda membawa radio anda?

40. Sorry, I did not bring my radio.

Maaf, saya tidak membawa radio saya.

girl	**budak perempuan/gadis**
gentleman	**lelaki/teruna**
genuine	**asli/tulen**
certificate	**sijil**
city	**bandaraya/kotaraya**
face	**muka/paras/rupa**
cinema	**panggung wayang/pa-wagam**
cycle	**basikal/kitaran**
call	**panggil/panggilan**
culture	**kebudayaan**
comfort	**selesa**
copy	**salinan**
conversation	**perbualan**
chair	**kerusi**
cheese	**keju**
chess	**catur**
chicken	**ayam**
cheque	**cek**
chain	**rantai**
chalk	**kapur tulis**
change	**tukar/ubah**
chapter	**bab/fasal**
cholera	**penyakit taun/kolera**
chord	**tali gitar**
stomach	**perut**
character	**watak**
chaos	**kacau-bilau**
school	**sekolah**
charity	**derma/amal bakti**

63

choose	pilih
gain	perolehan/untung/laba
garden	kebun/taman
gangster	kumpulan perompak
God	Tuhan
gun	senapang
green	hijau
gymnastic	gimnastik
gypsy	pengembara/gipsi
giant	gergasi/raksasa
ginger	halia
strange	aneh/luar biasa
page	muka surat/halaman
generation	keturunan/generasi
cough	batuk
laugh	tertawa/tergelak/ketawa
light	cahaya
fight	perkelahian/pertempuran
sight	pandangan/penglihatan
uncle	bapa saudara
able	mampu/upaya
apple	buah epal
capable	cekap
table	meja
candle	lesung pipit
smuggle	seludup
photo	gambar/foto
telephone	telefon
nephew	anak saudara lelaki
niece	anak saudara perempuan
write	menulis
fire	api/kebakaran
scene	pemandangan

Reading exercise [*Latihan membaca*]

1. Kindness is the noblest weapon to conquer with.

   Budi yang baik adalah senjata penakluk yang paling mulia.

2. Be slow to promise, quick to perform.

   Jangan terlalu cepat berjanji, tetapi tepatilah dengan segera.

3. Live not to eat, but eat to live.

   Hidup bukan untuk makan, tetapi makan untuk hidup.

4. Happy is the person who does good to others, and miserable is the person who expects good from others.

   Berbahagialah orang yang membuat kebaikan terhadap orang lain dan sengsaralah orang yang hanya mengharapkan kebaikan dari orang lain.

5. Nothing is more valuable to a man than courtesy.

   Tidak ada sesuatu yang lebih bernilai bagi manusia kecuali budi bahasa.

6. To speak without thinking is to shoot without a gun.

   Berkata tanpa berfikir adalah ibarat menembak tanpa menggunakan senapang.

7. An empty vessel makes the loudest noise – an empty head makes the most talk.

   Tong kosong berbunyi lebih kuat – akal yang kosong membuatkan orang bercakap banyak.

8. Wisdom is only found in truth.

   Kebijaksanaan hanya terdapat di dalam kebenaran.

BASIC LESSON X
{PELAJARAN ASAS X}

cheese	**keju**
continue	**terus menerus**
date	**tarikh**
engine	**jentera/enjin**
folk	**rakyat**
walk	**berjalan**
talk	**bercakap**
calm	**tenang**
build	**bina**
gold	**emas**
golf	**permainan golf**
milk	**susu**
silk	**sutera**
soft	**lembut**
old	**tua/lama**
wrist	**pergelangan tangan**
wrap	**bungkus**
wrest	**gusti**
wrong	**salah**
answer	**jawab/jawapan**
castle	**istana/kota**
christmas	**krismas/hari natal**
listen	**mendengar**
debt	**hutang**
doubt	**ragu-ragu/was-was**
comb	**sikat**
dumb	**bisu/bebal**
knife	**pisau**
know	**mengetahui/tahu**

knee	lutut
knock	ketuk
knowledge	pengetahuan
islet	pulau kecil
island	pulau
foreign	asing/luar negeri
sign	tandatangani
signature	tandatangan
attention	perhatian
condition	syarat/keadaan/suasana
occasion	kesempatan
comprehension	pengertian/pemahaman
jealous	cemburu/iri hati
judicious	adil/saksama/bijaksana
partial	sebahagian
essential	keperluan/kepentingan
financial	kewangan
special	istimewa/khas/khusus
musician	ahli muzik
ancient	kuno
grammar	tata bahasa
labour	buruh
neighbour	jiran
vision	wawasan
captain	kapten/ketua
garden	taman/kebun
opinion	pendapat/buah fikiran
companion	teman/kawan
union	pertubuhan/penyatuan
weapon	senjata
culture	kebudayaan/budaya
future	masa depan

creature	makhluk
measure	ukuran/langkah
venture	usaha
joint-venture	usahasama
manage	mengurus
management	pengurusan
manager	pengurus
marriage	perkahwinan/pernikahan
luggage	barang-barang
age	umur/usia
engage	bertunang
engagement	pertunangan

CONVERSATION
{PERBUALAN}

First day on the job *{Hari pertama bekerja}*

−	Good morning!	Selamat pagi!
+	Good morning!	Selamat pagi!
−	Are you Mr. Hamid?	Ini Encik Hamid ke?
+	Yes, I am.	Ya, saya.
−	Are you the office manager?	Adakah encik pengurus pejabat?
+	Yes I am. Who are you?	Ya, saya. Siapakah anda?
−	I am the new typist.	Saya adalah jurutaip baru.
+	Oh yes, what is your name?	Oh ya, siapa nama anda?
−	My name is Zainab.	Nama saya Zainab.
+	That is your desk over there. And that is your typewriter.	Di sebelah sana ialah meja anda. Dan itu mesin taip untuk anda.
−	Yes, thank you.	Ya, terima kasih.

CONVERSATION
{PERBUALAN}

Telephone conversation *{Perbualan telefon}*

−	Hello!	Helo!
+	Hello, is this the City Insurance Company?	Helo, adakah ini Syarikat City Insurance?
−	Yes, it is.	Ya, benar.
+	Is Mr. Johnson there?	Encik Johnson ada di sana?
−	He is not in his office now.	Beliau tidak ada di pejabatnya sekarang.
+	What about Mr. Baker?	Bagaimana dengan Encik Baker?
−	I am sorry Mr. Baker is busy now.	Saya minta maaf, Encik Baker sedang sibuk sekarang.

CONVERSATION
{PERBUALAN}

A day at the supermarket {*Sehari di pasar raya*}

– I want to go to the supermarket tonight.	Saya hendak pergi ke pasar raya pada malam ini.
+ Why do you want to go tonight?	Mengapa anda hendak pergi pada malam ini?
– Because I need to buy butter, eggs and milk.	Sebab saya hendak beli mentega, telur dan susu.
+ When does the supermarket close?	Bilakah pasar raya itu akan ditutup?
– It closes at nine.	Ia ditutup pada jam sembilan.
+ What about tomorrow morning?	Bagaimana kalau pergi esok pagi?
– We need them for breakfast.	Kami perlukannya untuk sarapan pagi.
+ What time does the supermarket open in the morning?	Pukul berapakah pasar raya akan dibuka pada esok pagi?
– After eight.	Selepas pukul lapan pagi.

A trip by taxi *{Perjalanan menaiki teksi}*

–	Taxi!	Teksi!
+	Do you need a taxi?	Adakah anda perlukan teksi?
–	Yes, I do.	Ya, benar.
	Where is your taxi?	Di manakah teksi anda?
+	That is my taxi. Get in please.	Itu teksi saya, silakan masuk.
–	All right.	Baiklah.
+	Where do you want to go?	Ke manakah anda hendak pergi?
–	I want to go to the book fair.	Saya hendak pergi ke pesta buku.
–	How much is it?	Berapakah tambangnya?
+	Just two ringgit.	Hanya dua ringgit sahaja.
–	Here is the money.	Ini wangnya.
+	Thank you.	Terima kasih.
+	Have you travelled in a trishaw?	Pernahkan anda menaiki beca?
–	Yes, sometimes I do.	Ya, saya naik beca sekali sekala sahaja.

Shopping trip *{Membeli-belah}*

+	What can I do for you sir?	Apakah yang boleh saya bantu tuan?
or		*atau*
+	May I help you?	Bolehkah saya tolong anda?
–	Show me that umbrella.	Tolong tunjukkan saya payung itu.
+	The black one or the red one.	Payung warna hitam atau yang warna merah.
–	I like the red one.	Saya suka yang warna merah.
+	Here it is.	Ini payungnya.
	It is the best quality.	Ia bermutu yang terbaik.
–	How much is it?	Berapakah harganya?
+	Only eight ringgit.	Hanya lapan ringgit sahaja.
–	Can you reduce the price?	Bolehkah anda kurangkan harganya?
+	Sorry sir, cannot bargain. It is a fixed price.	Maaf tuan, tidak boleh ditawar. Ia adalah harga tetap.
–	I will take this one.	Saya ambil yang ini.
+	Thank you. Please come again.	Terima kasih. Sila datang lagi.

1. All that glitters is not gold.

   Tidak semua yang berkilau itu emas. Anda janganlah tertipu oleh sinarannya.

2. Never put off till tomorrow what you can do today.

   Jangan tangguhkan kerja yang anda boleh lakukan hari ini kepada esok hari.

3. Time is money.

   Masa itu emas atau waktu adalah wang. Membuang waktu diibaratkan membuang wang.

4. Knowledge is power.

   Ilmu pengetahuan adalah kuasa.

5. No gains without pains.

   Tiada kemenangan tanpa pengorbanan.

6. Where there is a will there is a way.

   Di mana ada kemahuan di situ ada jalan.

7. Prevention is better than cure.

   Mencegah adalah lebih baik daripada mengubat.

8. Empty vessels make the most noise.

   Tong kosong membuat bunyi yang lebih kuat.

9. Many a little makes a mickle.

   Sedikit demi sedikit lama-lama jadi bukit.

10. Learn now, happy tomorrow.

    Belajar sekarang gembira esok hari.

11. Man propose God disposes.

    Manusia merancang Tuhan menentukan.

12. No rose without a thorn.

    Tidak ada mawar yang tak berduri.

13. United we stand, divided we fall.	Bersatu kita teguh bercerai kita roboh. (Bersatu teguh bercerai roboh).
14. Good books are valuable than fine clothes.	Buku adalah lebih bernilai daripada pakaian yang cantik dan berharga.
15. Easy come easy go.	Senang dapat senang pergi.
16. Metal is tested by fire, man by money.	Logam diuji dengan api manakala manusia diuji dengan wang.
17. The future lies with the young.	Masa depan terletak di tangan pemuda. Pemuda harapan negara.
18. Who loose courage looses all.	Siapa yang hilang semangat akan hilang segala-galanya.
19. If you want to be strong know your weaknesses.	Jika anda ingin jadi kuat ketahuilah dahulu akan kelemahan anda.
20. Fear is worse than fighting.	Ketakutan adalah lebih bahaya daripada berperang.
21. Never show your teeth unless you can bite.	Jangan sekali-kali tunjukkan taring anda kecuali anda boleh menggigit.
22. If you lend money to a man, you make him your enemy.	Jika anda meminjamkan wang kepada seseorang maka anda menjadikan dia sebagai musuh anda.
23. If you study hard, you will pass your examination.	Jika anda belajar bersungguh-sungguh pasti anda akan berjaya. Usaha adalah tangga kejayaan.

24. More money more friends.	Banyak wang banyak rakan.
25. Counsel must be followed not praised.	Nasihat harus diturut bukan dipuji.
26. Before you marry, be sure of a house where in the terry.	Sediakan rumah dahulu sebelum berumahtangga.
27. Diamond is valuable even if it lies on dunghill.	Intan berlian tetap bernilai dan berharga sekalipun terletak di dalam lumpur.
28. A man without a smiling face must not open a shop.	Orang yang berwajah masam tidak harus membuka kedai.
29. A good name is better than riches.	Nama yang baik adalah lebih baik dan mulia daripada kekayaan harta.
30. All wish to live long, but not to be called old.	Semua orang ingin hidup lama, tapi tidak mahu disebut tua.
31. All doors open to courtesy.	Semua pintu sentiasa terbuka bagi orang yang berbudi dan berakhlak mulia.
32. Death keeps no calendar.	Kematian tidak mengenal waktu.
33. Happy is he who knows his follies in his youth.	Orang yang berbahagia adalah mereka yang menyedari kesalahan di zaman muda mereka.
34. The more noble the more humble.	Semakin mulia budinya semakin sederhana tingkah lakunya.

Prime Minister	**Perdana Menteri**
Deputy Prime Minister	**Timbalan Perdana Menteri**
Prime Minister's Department	**Jabatan Perdana Menteri**
Ministry of Home Affairs	**Kementerian Dalam Negeri**
Ministry of Transport	**Kementerian Pengangkutan**
Ministry of Energy, Telecommunications and Posts	**Kementerian Tenaga, Telekomunikasi dan Pos**
Ministry of Defence	**Kementerian Pertahanan**
Ministry of Primary Industries	**Kementerian Perusahan Utama**
Ministry of International Trade and Industry.	**Kementerian Perdagangan Antarabangsa dan Industri**
Ministry of Education	**Kementerian Pendidikan**
Ministry of Human Resources	**Kementerian Sumber Manusia**
Ministry of Finance	**Kementerian Kewangan**
Ministry of Public Enterprises	**Kementerian Perusahaan Awam**
Ministry of Youth and Sports	**Kementerian Belia dan Sukan**
Ministry of Culture, Arts and Tourism	**Kementerian Kebudayaan, Kesenian dan Pelancongan**
Ministry of Information	**Kementerian Penerangan**
Ministry of Housing and Local Government	**Kementerian Perumahan dan Kerajaan Tempatan**

Ministry of Health	**Kementerian Kesihatan**
Ministry of Agriculture	**Kementerian Pertanian**
Ministry of Science, Technology and Environment	**Kementerian Sains, Teknologi dan Alam Sekitar**
Ministry of Domestic Trade and Consumer Affairs	**Kementerian Perdagangan Dalam Negeri dan Hal Ehwal Pengguna**
Ministry of National Unity and Community Development	**Kementerian Perpaduan Negara dan Pembangunan Masyarakat**
Ministry of Land and Cooperative Development	**Kementerian Tanah dan Pembangunan Koperasi**
Foreign Ministry	**Kementerian Luar Negeri**
National Museum	**Muzium Negara**
National Mosque	**Masjid Negara**
National Zoo	**Zoo Negara**
Visit Malaysia Year	**Tahun Melawat Malaysia**
Tourist Promotion Board	**Lembaga Penggalakan Pelancongan**
Sarawak Tourism Centre	**Pusat Pelancongan Sarawak**
Duty Free Shop	**Kedai Bebas Cukai**
Subang Airport	**Lapangan Terbang Subang**
Malaysia Airline	**Penerbangan Malaysia**
Immigration Department	**Jabatan Immigresen**
Custom Department	**Jabatan Kastam dan Eksais Diraja**
Foreign affairs	**Hal ehwal luar negeri**
Foreign embassy	**Kedutaan asing**
American Embassy	**Kedutaan Amerika**
British High Commission	**Suruhanjaya Tinggi British**

Example 1 {Contoh}

people	manusia/orang
in	di
everywhere	di mana-mana
want	inginkan/mahu
a	satu/suatu
good	baik/sempurna/bagus
life	hidup/kehidupan
they	mereka
happy	gembira/bahagia
family	keluarga
health	kesihatan
and	dan
peace	damai/kedamaian
prosperity	kemakmuran
you	anda/kamu
need	perlukan
to help	menolong/membantu
each other	antara satu sama lain
others	yang lain-lain
in fact	sebenarnya
true	benar/nyata
reason	alasan
simple	mudah/sederhana
to get	untuk mendapat
makes	membuat/menjadikan
them	mereka
give	beri/memberikan

everyone	setiap orang
cannot	tidak boleh
to be	menjadi
of course	sudah tentu/pasti
alone	sendirian/keseorangan
work	bekerja
must	harus/mesti
with	dengan

Translate these sentences into the Malay Language.

1. People everywhere want a good life.
2. They want a happy family.
3. They want a good health.
4. They want peace and prosperity.
5. You want that too, don't you?
6. People need to help each other.
7. In fact, people like to help each other.
8. That is true everywhere.
9. The reason is simple.
10. People like to get help.
11. That makes them happy.
12. They like to help.
13. That makes others happy, too.
14. Everyone wants to be happy, of course.
15. But people cannot be happy alone.
16. They cannot live alone.
17. They must work with others.
18. That makes them happy.

Example 2 *{Contoh 2}*

everyone	**setiap orang**
want	**inginkan/mahu/hendak**
to be	**untuk menjadi**
happy	**bahagia/gembira**
many	**ramai/kebanyakan**
are not	**adalah tidak**
at all	**sama sekali**
why	**mengapa**
has	**mempunyai**
troubles	**kesulitan/masalah**
and	**dan**
problems	**masalah/kesulitan**
of course	**sudah tentu/pasti**
should not	**tidak harus/tidak semesti-nya**
afraid	**takut**
solve	**menyelesaikan**
often	**sering**
cannot	**tidak dapat/tidak boleh**
hard	**sedaya upaya**
grow	**berkembang/meningkat**

Translate these sentences into the Malay Language.

1. Everyone wants to be happy.
2. But many people are not happy at all.
3. Why?
4. Everyone has troubles and problems, of course.
5. But people should not be afraid.
6. They should try to solve their problems.
7. But often, they can't solve them.
8. Often they try hard, but the troubles grow.

81

Example 3 *{Contoh 3}*

important	**penting**
health	**sihat/kesihatan**
many kind	**banyak jenis/pelbagai jenis**
choose	**memilih**
food	**makanan**

VITAMINS

Vitamins are very important for our health. There are many kinds of vitamins: Vitamins A, B, C and so on. To be healthy you don't have to eat very much, but you must choose food which is rich in vitamins.

Translation into the Malay Language

Vitamin adalah sangat penting untuk kesihatan kita. Terdapat berbagai jenis vitamin: Vitamin A, B, C dan sebagainya. Untuk menjadi sihat anda tidak perlu makan terlalu banyak, tetapi harus memilih makanan yang kaya dengan vitamin.

Example 4 *{Contoh 4}*

have	**adakah**
you	**anda**
any	**sebarang**
shoe	**kasut**
like	**seperti**
this	**ini**
what	**apa/berapa**
size	**saiz**
five	**lima**

colour	**warna**
white	**putih**
I	**saya**
sorry	**minta maaf**
we	**kami**
haven't	**tidak mempunyai/tidak ada**
now	**sekarang**

Sentences {*Ayat-ayat*}

— Have you any shoes like these? **Adakah anda mempunyai kasut seperti ini?**

+ What size? **Saiz apa/saiz berapa?**

— Size five. **Saiz lima.**

+ What colour? **Warna apa?**

— White. **Putih.**

+ I am sorry. We haven't got any now. **Saya minta maaf. Kami tidak ada kasut itu sekarang.**

— Can you get a pair for me, please? **Bolehkah anda dapatkan sepasang untuk saya?**

+ I am afraid I can't. **Saya minta maaf kerana tidak dapat.**

They were in fashion last year. **Ia dalam fesyen tahun lalu.**

But they are not in fashion this year. **Tetapi mereka tidak lagi dalam fesyen tahun ini.**

Example 5 {*Contoh 5*}

can	**boleh/dapat**
you	**anda**
get	**mendapatkan**
a pair	**sepasang**
for me	**untuk saya**
please	**silakan**
afraid	**takut**
that	**bahawa**
I	**saya**
can't	**tidak dapat/tidak boleh**
were	**adalah**
in fashion	**fesyen sekarang**
last	**yang lalu/masa lalu**
year	**tahun**
last year	**tahun lalu**
but	**tetapi**
are not	**tidak lagi**
cinema	**panggung wayang/pawagam**
already	**telah pun/selesai**
seen	**telah melihat**

Sentences {*Ayat-ayat*}

— How was the examination, Dick?	**Bagaimana dengan peperiksaan itu, Dick?**
+ Not so bad. I think I will pass.	**Tidaklah terlalu susah. Saya rasa saya akan lulus.**
In English and Mathematics the questions were very easy.	**Soalan-soalan Bahasa Inggeris dan Matematik sangat mudah.**
— Where is Ali, Wan?	**Wan, di manakah Ali?**

84

+	Do you want to speak to him?	Adakah anda ingin bercakap dengannya?
−	Yes, I do.	Ya, saya.
	I want him to come to my office. Tell him to come at once.	Saya mahukan dia datang ke pejabat saya. Suruh dia datang segera.

Example 6 {Contoh 6}

recognize	kenal/cam
author	pengarang
wife	isteri
beside	di sebelah/di samping
think	fikir
must be	mesti/pasti
book	buku
famous	terkenal
time	waktu/saat/ketika

Dialogue [Dialog]

Esah:	Can you recognize that man, Ani?	Dapatkah anda mengenali lelaki itu, Ani?
Ani:	I think I can, Esah. It must be Abdullah Ali, the author of this book.	Saya rasa saya kenal beliau, Esah. Itu mesti Abdullah Ali, pengarang buku ini.
Esah:	I thought so. Who is that beside him?	Saya fikir pun begitu juga. Siapa di sebelah beliau itu?
Ani:	That must be Mariam, his wife.	Itu pasti Mariam, isteri beliau.
Esah:	I think you are right. He is the author of this book.	Saya fikir betul kata anda itu. Dialah pengarang buku ini.

Example 7 {*Contoh* 7}

make	membuat
some	sedikit
coffee	kopi
idea	pendapat/buah fikiran
ready	sudah siap
any	sebarang
milk	susu
sugar	gula
tea	teh
spoon	sudu/camca
full	penuh
less	kurang
for me	untuk saya

Dialogue {*Dialog*}

Betty: Shall I make some coffee, Tina?

Bolehkah saya buatkan kopi untuk anda, Tina?

Tina: That is a good idea, Betty.

Bagus cadangan (pendapat) anda itu, Betty.

Betty: It is ready. Do you want milk?

Sudah siap. Adakah anda mahu susu?

Tina: Just a little, please.

Sila bubuh sedikit sahaja.

Betty: What about some sugar?

Bagaimana dengan sedikit gula?

Tina: Two teaspoon full?

Dua sudu teh penuh?

Betty: No, less that that. One and a half teaspoon full.

Tidak, kurang daripada itu. Hanya satu sudu setengah sahaja.

Tina: That is enough for me. That was very nice.

Itu sudah cukup buat saya. Ia sungguh sedap.

Example 8 {*Contoh 8*}

THE FOOLISH DOG

1. A dog once took a large piece of meat from a butcher's shop. The butcher did not give it to him. He took it himself. He stole it.
2. The bad dog ran away with the meat between his teeth. He ran quickly because he did not want the butcher to catch him and take the meat away from him.
3. On his way he came to a river. He went near it and looked into the water. Of course he saw himself there with the piece of meat in his mouth.
4. But he did not say (know) "That is myself in the water". "Oh no!" he said to himself. "That is another dog with a nice piece of meat. I want that meat and I will have it, too."
5. He opened his mouth to take the other piece of meat. Of course, when he did that the piece of meat from his mouth fell into the river, and instead of two pieces, the foolish dog got none.

Words {*Perkataan-perkataan*}

dog	**anjing**
once	**pada suatu masa**
took	**mengambil**
large	**besar**
piece	**sekeping/seketul**
meat	**daging**
from	**daripada**
butcher	**penjual daging**
shop	**kedai**
did not	**tidak**

give	memberi
to him	kepadanya
stole	mencuri
bad	jahat/buruk
ran	lari
away	jauh
with	dengan
teeth	gigi
quickly	pantas/cepat
because	kerana
want	ingin/hendak
catch	menangkap
on his way	dalam perjalanannya
river	sungai
near	dekat/berhampiran
looked	melihat
into	ke dalam
water	air
saw	telah melihat
himself	diri sendiri
open	membuka/menganga mulut
mouth	mulut
when	bila/ketika
fell	terjatuh
two	dua
got	mendapat
none	tiada sama sekali

Translated version *{Rencana yang telah diterjemahkan}*

SEEKOR ANJING YANG TOLOL

1. Seekor anjing telah mengambil seketul daging dari sebuah kedai seorang penjual daging. Penjual daging itu tidak memberi daging itu tetapi anjing itu telah mengambilnya sendiri. Ia telah mencuri daging itu.

2. Anjing yang jahat itu telah membawa lari daging itu. Ia menggonggongnya. Ia berlari pantas kerana takut penjual daging itu akan menangkapnya dan mengambil semula daging itu.

3. Dalam perjalanan, ia tiba di sebatang sungai. Ia berjalan menuju ke tepi sungai itu dan melihat ke dalam air sungai. Anjing itu terlihat bayang-bayangnya sendiri sedang menggonggong seketul daging di mulutnya.

4. Tetapi ia tidak sedar bahawa bayang-bayang di dalam air itu adalah dirinya sendiri. "Oh tidak," kata anjing itu. "Itu adalah seekor anjing lain yang mempunyai seketul daging yang lazat. Aku pun mahu daging itu."

5. Sang Anjing pun membuka mulutnya untuk mengambil daging itu. Sebaik sahaja mulutnya ternganga, daging yang berada di dalam mulutnya pun jatuh ke dalam sungai. Oleh kerana inginkan dua ketul daging maka akhirnya anjing itu tidak mendapat seketul daging pun.

Example 9 *{Contoh 9}*

SOUR GRAPES

1. A hungry fox was once walking by a vineyard. He looked up and saw some bunches of grapes. The grapes were large and black. "Those grapes are nice," said the fox to himself. "I must eat some."

2. He jumped up to get the grapes but he could not reach them. They were too high. He tried again and again and yet again. But each time, he fell back without the grapes.

3. At last the fox turned and walked away. As he was going, he said to himself,
   "Well, what does it matter? The grapes are sour!"

4. Were the grapes sour?
   We do not know, and the fox did not know. Then why did the fox say that they were sour? He said so because he could not get them.

Words *{Perkataan-perkataan}*

sour	**masam**
grapes	**buah anggur**
hungry	**lapar**
fox	**musang**
once	**pada suatu hari/masa**
walking	**berjalan-jalan**
by	**dekat**
vineyard	**kebun/ladang anggur**
looked up	**mendongak**
saw	**ternampak/terlihat**
some	**beberapa**
bunches	**tangkai/tongkol**
large	**besar**
nice	**manis**
eat	**makan**
jumped up	**meloncat/melompat**
reach	**mencapai**
high	**tinggi**
tried	**mencuba**

again	berulang kali
yet	masih
fell back	jatuh semula
without	tanpa
at last	akhirnya
turned	meninggalkan
walked	berlalu
what does it	apa gunanya
matter	mempedulikan

Translated version *{Rencana yang telah diterjemahkan}*

1. Pada suatu masa seekor musang yang lapar telah berjalan berhampiran dengan sebuah ladang (kebun) anggur. Ia ternampak beberapa tangkai (tongkol) buah anggur. Buah anggur itu kelihatan besar dan hitam.
   "Buah anggur itu tentu manis rasanya. Aku mesti makan beberapa biji," kata musang itu sendirian.

2. Ia meloncat dan melompat untuk memetik buah anggur itu tetapi ia tidak dapat mencapainya. Buah anggur itu sangat tinggi. Musang itu mencuba lagi. Ia terus mencuba tetapi setiap kali ia mencuba ia jatuh semula tanpa mendapat buah anggur itu.

3. Akhirnya musang itu berlalu meninggalkan kebun anggur itu. Sambil berjalan dia berkata kepada dirinya,
   "Ah, apa peduli, tentu buah anggur itu masam!"

4. Adakah buah anggur itu masam?
   Kita tidak tahu dan musang itu juga tidak tahu. Oleh itu mengapa musang mengatakan anggur itu masam? Ia berkata demikian kerana ia tidak dapat mengambilnya.

Example 10 *{Contoh 10}*

THE FOX AND THE VINEYARD

1. A hungry fox went out. He walked along the country roads and came to a vineyard. Of course he wanted to get inside, but he could not do so because there was a high wall all round the place. He tried to climb over the wall, but it was too high.

2. He walked round the wall and at one part he saw a hole. "Aha," he thought. "Now I can get inside." He began to push himself through the hole, but he could not get through because his body was too fat.

3. "There is only one thing for me to do," said the fox at last. "I must become thinner." For the whole day he did not eat anything and then he tried to get through the hole, but he was still too fat. He ate nothing for another day and still he did not become thin enough. At the end of the third day he found that he could get through the hole.

4. At last he was inside the vineyard and could eat the fruit. The grapes were sweet and he ate as many as he could. He ate and he ate till he could eat no more. Then he went back to the hole and tried to get through. But alas! He could not do so, he was now too fat.

5. Poor fox! There was only one thing for him to do now. He had to stay in the vineyard with the fine fruit all around him and be hungry for three whole days. At the end of that time he became thin enough to get through the hole.

6. When finally he was walking away from the vineyard he looked back and said, "Oh vineyard! Vineyard! How fine you are and how sweet is your fruit! But of what use are you? I went in hungry and I came out hungry!"

Words {Perkataan-perkataan}

went out	**keluar**
walked along	**berjalan-jalan**
country roads	**jalan di desa**
wanted	**teringin**
get inside	**masuk ke dalam**
wall	**pagar tembok**
all round	**di sekeliling**
climb over	**memanjat ke atas**
at one part	**pada suatu bahagian**
hole	**lubang**
thought	**berfikir**
to push	**mengasak**
through	**menerusi**
his body	**badannya**
fat	**gemuk**
too fat	**terlalu gemuk**
become thinner	**menjadi lebih kurus**
the whole day	**sepanjang hari**
inside	**di dalam**
fruit	**buah**
as many as	**sebanyak mungkin**
till	**sehingga/sampai**
no more	**tidak ada lagi**
went back	**kembali semula**
tried	**mencuba**
but alas	**namun demikian**
poor fox	**musang yang malang**
had to	**terpaksa**
stay in	**tinggal di dalam**
fine	**baik**

three	**tiga**
at the end	**pada penghujung/akhir**
thin	**kurus**
finally	**akhirnya**
walking away	**berlalu**
looked back	**melihat ke belakang**
sweet	**manis**
of what use	**apa gunanya**
come out	**keluar**
at last	**akhirnya**

Translated version *{Rencana yang telah diterjemahkan}*

1. Seekor musang yang lapar keluar berjalan-jalan. Dia berjalan pada sepanjang jalan di desa sehingga sampai ke sebuah kebun/ladang anggur. Musang berhasrat untuk masuk ke dalam kebun itu tetapi ia tidak dapat berbuat demikian kerana di sekeliling kebun itu dipagari dengan pagar tembok. Ia cuba memanjat ke atas tembok itu tetapi ia terlalu tinggi.

2. Musang itu berjalan di sekeliling tembok. Pada suatu bahagian tembok itu ia ternampak satu lubang.
   "Aha! Sekarang aku boleh masuk ke dalam kebun ini," fikir musang itu. Dia pun mula mengasak badannya menerusi lubang itu, tetapi ia tidak dapat meluluskan dirinya kerana badannya terlalu gemuk.

3. "Hanya ada satu perkara sahaja yang aku boleh buat," kata musang itu akhirnya. "Aku mesti kuruskan badan aku." Pada sepanjang hari musang itu tidak makan apa-apa pun. Kemudian ia cuba untuk masuk menerusi lubang itu, tetapi ia masih tidak muat. Musang tidak makan langsung selama satu hari lagi tetapi ia masih belum cukup kurus. Pada

penghujung hari ketiga musang mendapati dirinya boleh masuk menerusi lubang itu.

4. Akhirnya musang pun berada di dalam kebun anggur itu. Ia dapat makan buah itu. Buah anggur sangat manis dan musang itu makan dengan sepuas-puasnya. Musang itu makan dan terus makan sehingga ia tidak boleh makan lagi. Kemudian ia kembali semula ke tempat lubang tadi dan cuba untuk keluar. Tetapi alahai! Sang Musang tidak dapat keluar. Sekarang badannya sudah menjadi gemuk semula.

5. Malang sungguh nasib musang! Hanya satu perkara sahaja yang boleh dilakukan oleh musang itu sekarang. Dia terpaksa tinggal di dalam kebun anggur. Ia berlapar semula dengan ditemani oleh buah-buah anggur di sekelilingnya selama tiga hari. Pada hari terakhir musang itu menjadi cukup kurus untuk keluar menerusi lubang itu.

6. Akhirnya musang itu berlalu dari ladang anggur itu. Ia menoleh ke belakang sambil berkata, "Oh kebun anggur! Oh kebun anggur! Kau sungguh indah dan betapa manisnya buah di kebun engkau! Tetapi apa gunanya engkau? Aku masuk ke tempat kau dalam keadaan yang lapar dan aku keluar semula pun dalam keadaan yang lapar."

Example 11 *(Contoh 11)*

THREE BLIND MEN AND AN ELEPHANT

1. Once upon a time there were three blind men who did not know what an elephant was like.

2. They were always asking people to tell them about elephants. When they met each other they were always talking about elephants and telling each other what they knew.

3. They wanted very much to see an elephant. Of course to feel an elephant, a blind man sees with his hands.

4. One day a man came along and said, "Who wants to see an elephant? There is one in the next road and it is tame. You can all come and feel it if you want to know yourself."

5. The three blind men were happy and went along very quickly until they came to the elephant. Then the three blind men went forward, stretching out their hands to feel what an elephant was like.

6. The first one touched its ear. The ear was a big wide soft thing.

7. The second one touched its leg. He put both his hands round it and held it. It was very strong and thick and hard.

8. The third touched its tail. He took the tail in his hand and shook it. It was long and straight and thin and hard.

9. Afterwards they sat down together to talk about the elephant.

10. The first one said, "I never thought it was like that. It is so soft and wide and big like a banana leaf."

11. The second said, "What! An elephant is like a banana leaf! Of course it is not. You are stupid! It is strong and thick and straight and hard. It is like a tree. Yes, it is just like a tree."

12. The third one laughed, "I never heard such stupid things before. An elephant is not at all like that. It is thin and long. It is just like a snake that is what it is like."

Words *(Perkataan-perkataan)*

once	suatu
upon	pada
time	masa

there were	ada
always	selalu
asking	bertanya
people	orang ramai
tell them	menceritakan
about	mengenai
talking	berkata-kata
wanted	ingin
came along	muncul
next road	jalan sebelah
tame	jinak
happy	gembira
stretching out	menghulurkan
touched	meraba
ear	telinga
wide	lebar
soft	lembut
thick	tebal
strong	kuat
hard	keras
tail	ekor
shook	menggoyangkan
never	tidak pernah
thought	memikirkan
banana leaf	daun pisang
stupid	bodoh/tolol
afterwards	selepasnya
before	sebelumnya
forward	maju ke depan
leg	kaki

Translated version *{Rencana yang telah diterjemahkan}*

1. Pada suatu masa ada tiga orang lelaki buta yang tidak pernah mengetahui bagaimana rupanya seekor gajah.

2. Mereka sentiasa bertanya kepada orang ramai supaya memberitahu mereka mengenai gajah. Bila mereka bertemu antara satu sama lain mereka sentiasa bercerita mengenai gajah dan memberitahu sesama sendiri apa yang mereka ketahui.

3. Mereka teringin sangat hendak melihat seekor gajah dan merasa bentuk gajah itu kerana orang buta melihat dengan menggunakan tangan.

4. Suatu hari seorang lelaki muncul dan berkata, "Siapakah yang ingin melihat seekor gajah? Ada seekor gajah di jalan sebelah dan jinak pula. Kamu semua boleh datang dan merabanya jika anda mahu."

5. Tiga orang buta itu berasa gembira dan mereka pun segera pergi ke tempat gajah itu. Kemudian ketiga-tiga orang buta itu pun maju ke depan sambil menghulurkan tangan mereka untuk meraba akan rupa bentuk gajah itu.

6. Orang pertama telah meraba telinga gajah itu. Ia besar, lebar dan lembut.

7. Orang buta kedua meraba kaki gajah itu. Dia meletakkan kedua belah tangannya di sekeliling kaki gajah itu dan memegangnya. Kaki gajah itu kuat dan keras serta tebal.

8. Orang buta ketiga pula meraba ekor gajah. Dia memegang ekor gajah itu dan menggoyangnya. Ekor itu panjang dan lurus dan tipis dan keras.

9. Selepas itu mereka pun duduk bersama-sama untuk berbual-bual mengenai gajah itu.

10. Orang buta pertama berkata, "Aku tidak pernah memikirkan bahawa ia lembut, lebar dan besar seperti sehelai daun pisang."

11. Orang buta kedua berkata, "Apa! Gajah seperti sehelai daun pisang! Sudah tentu tidak. Kamu seorang yang bodoh! Gajah adalah kuat, tebal, lurus dan keras. Ia seperti sebatang pokok. Ya, ia seperti sebatang pokok!"

12. Orang buta ketiga pula ketawa, "Aku tidak pernah mendengar perkara-perkara bodoh seperti itu. Rupa seekor gajah bukan seperti itu. Ia kurus dan panjang. Ia adalah seperti seekor ular. Itulah rupa gajah."

Example 12 *{Contoh 12}*

Translate the following text.

A CLEVER BOY

During a history lesson a teacher asked his class what happened in 1483.

"Luther was born," answered a pupil promptly.

"Quite right. And what happened in 1492?"

After a long pause, he answered,

"Luther was nine years old."

Words *{Perkataan-perkataan}*

during	**ketika/semasa**
history lesson	**pelajaran sejarah/tawarikh**
teacher	**guru**
asked	**bertanya/menyoal**
class	**kelas/murid-murid**
happened	**berlaku/terjadi**
in 1492	**pada tahun 1492**

after	selepas
a long pause	seketika/sejenak
answered	menjawab
nine	sembilan
years	tahun
old	usia/umur